Michael Moratti

Geboren 1969 in Donauwörth

Nach einer Ausbildung zum Reprofotograph/Lithograph und dem Abschluss als Drucktechniker in Nürnberg war Michael Moratti viele Jahre Kundenberater und Projektleiter in Augsburger Druckereien. Seit 2014 ist er Verlagsleiter beim Wißner-Verlag. Neben dem Schreiben von Bilderbüchern frönt er seiner Leidenschaft, der Neunten Kunst: Er zeichnet und sammelt Comics.

Petra Götz

Geboren 1975 in Augsburg

Die gelernte Modegrafikerin ist seit 1996 freiberuflich in Augsburg tätig. Als künstlerische Gestalterin und Illustratorin arbeitet Petra Götz für Firmen, Verlage und Agenturen. In Ausstellungen sowie auf Spielplätzen kann man ihre zwei- und dreidimensionalen Werke immer wieder bewundern. Weitere Infos und Blog unter www.petra-goetz.de

Die deutsche Nationalbibliothek verzeichnet diese Publikation in der Deutschen Nationalbibliografie; detaillierte bibliografische Daten sind im Internet über http://dnb.d-nb.de abrufbar.

Satz: Lisa Schwenk

Druck: deVega Medien GmbH, Augsburg

ISBN 978-3-89639-999-1

© Wißner-Verlag, Augsburg 2015 | www.wissner.com

Das Werk und seine Teile sind urheberrechtlich geschützt. Jede Verwertung in anderen als den gesetzlich zugelassenen Fällen bedarf deshalb der vorherigen schriftlichen Einwilligung des Verlages.

Das kleine Engele

ein Buch von Michael Moratti
mit Illustrationen von Petra Götz

Engel sind wundersame Wesen. Gerade in der Vorweihnachtszeit sind viele von ihnen nicht im Himmel, sondern schwer beschäftigt bei uns auf der Erde. Aber Engel ist nicht gleich Engel.

Da sind zu allererst die Erzengel. Die sind so etwas wie Häuptlinge. Der Erzengel Gabriel zum Beispiel überbringt immer wichtige Botschaften, während der Erzengel Michael das Himmelstor mit seinem Feuerschwert bewacht.

Dann gibt es die Schutzengel. Sie passen auf, dass uns nichts Schlimmes passiert.

Die Transportengel helfen dem Christkind beim Organisieren, Verteilen und Liefern der Weihnachtsgeschenke. Diese Engel gehören zum himmlischen Frachtverkehr.

Und schließlich die Musikengel. Sie spielen auf ihren himmlischen Instrumenten oder singen im Chor. Und von einem dieser Musikengel handelt unsere Geschichte.

Jedes Jahr im Advent, wenn der Christkindlesmarkt in Augsburg geöffnet hat, ist eine Schar von Engeln im Rathaus der Stadt untergebracht. Darunter sind Transportengel, die direkt die Wunschbriefe der Kinder aus dem Christkind-Postamt vom Christkindlesmarkt bearbeiten, sowie Musikengel, welche die ganze Vorweihnachtszeit das berühmte Augsburger Engelesspiel aufführen.

Im Goldenen Saal herrscht Aufregung. Alle bereiten sich vor, es ist der Tag vor Heilig Abend und die letzte Aufführung des Engelesspiels für diesen Advent. Aber heute ist auch ein ganz besonderer Tag. Denn der kleinste unter den Engeln, von allen nur »das kleine Engele« genannt, ist befördert worden. Bisher hat das kleine Engele im Chor oben rechts am äußersten Fenster gesungen. Doch ab heute darf es die große Posaune spielen! »Viel Glück, du schaffst das«, beruhigt Chorleiter Engel Serafin das kleine Engele, das schon ganz aufgeregt ist.

Draußen schlägt sechsmal die Glocke vom Perlachturm. Die Lichter des Christkindles-marktes gehen aus und eine Orgel ertönt. Kleine Engel erscheinen strahlend an den Rathausfenstern. Himmelhochlaut erschallt das Engelesspiel mit Chorgesang und Harfen-spiel. In den kurzen Pausen zwischen den einzelnen Musikstücken posaunt das kleine Engele ganz alleine seine fleißig geübten Melodien. Die Menschen lauschen andächtig den schönen Liedern bis zum Ende des kleinen Konzerts. Da erhellen die Lichter wieder den Rathausplatz und alle klatschen ganz fest Beifall.

Manche rufen sogar »Bravo! Bravo!«
Ein voller Erfolg für die Engel.

Während sich die Engel in den Goldenen Saal zurückziehen, widmen sich die Menschen wieder Punsch und Bratwürsten.

»Ganz toll, kleines Engele«, lobt Serafin. Auch die anderen Engel freuen sich über das gelungene Posaunenspiel ihres kleinsten Musikers.

»So«, sagt Engel Serafin, »jetzt gibt es noch Abendessen und dann ab ins Bett! Morgen um 11 Uhr ist Abflug zur Himmelspforte. Die Transportengel helfen noch dem Christkind in der Heiligen Nacht. Dann machen wir alle Ferien und erholen uns drei Wochen von den Anstrengungen des Advents. Im Himmel ist dann nur noch die Notbesetzung bei den Schutzengeln im Dienst. Der Rest hält Weihnachtsschlaf.«

Himmlisches Fladenbrot, Feigen, Datteln und Obstsalat verputzen die hungrigen Engel, bevor sie müde in den Schlafsaal schweben.

Über der Decke des Goldenen Saals ist ein geheimer Zwischenraum. Da befindet sich der Engelsschlafsaal. Das kleine Engele ist von dem langen Tag so erschöpft, dass es sofort einschlummert.

Am nächsten Morgen wacht das kleine Engele früher auf als gewöhnlich. Die anderen schnarchen noch, doch unser Posaunenspieler will nicht mehr schlafen. Also reckt und streckt sich das Engele und schlendert im Rathaus herum. Tabs, tabs, tabs – ganz leise schleicht sich das Engele am Erzengel Gabriel vorbei, nicht dass er es wieder ins Bett zurück schickt! Der merkt auch gar nichts, weil er ganz in Gedanken zwei Transportengeln die Fluglisten für die Bescherungstour am Heiligen Abend erklärt.

Ganz tief holt das Engele erst einmal Luft, als es draußen auf die Terrasse tritt. Da bemerkt das Engele ein kleines Wesen, das über der Tür hängt und es anstaunt. »Was bist du denn?«, fragt das Engele. »Ich bin Toni, die italienische Turmfledermaus aus Florenz. Und du?« »Mich nennen alle nur das kleine Engele, obwohl ich gestern beim Engelesspiel schon die große Posaune gespielt habe.« »Woooaaah, ein echter Engel«, gluckst Toni, die Turmfledermaus ganz verzückt. »Darf ich dich auf ein kleines Frühstück einladen? Ich wohne gleich nebenan, ganz oben im Perlachturm«, fragt Toni hoffnungsvoll. »Das ist eine gute Idee, mir knurrt nämlich schon der heilige Magen«, freut sich das Engele über die Einladung. Geschwind schweben und flattern die beiden zu Tonis Turmwohnung hinüber.

»Du hast es hier aber gemütlich!«, staunt das Engele über Tonis Turmzimmer. »Ja, hier lebt es sich ganz gut.«

»Darf ich dir heißen Kakao, Plätzchen und Lebkuchen anbieten? Alles selbst gebacken«, betont Toni stolz. »Au fein, ich habe einen himmlischen Bärenhunger«, antwortet das kleine Engele. Toni fährt seine ganze Speisekammer auf. Es gibt noch leckeren Baumkuchen, Orangensaft und sogar noch ein großes Stück Augsburger Zwetschgendatschi. Während sie sich den Bauch vollschlagen, erzählt Toni dem Engele, wie er aus Florenz nach Augsburg kam und in den Perlachturm eingezogen ist. Über den Geschichten vergessen beide die Zeit und von dem vielen Essen und dem Kakao bemerken sie nicht, wie sie immer müder werden. Auf einmal ist es im Turmzimmer ganz still …

Während das kleine Engele im Perlachturm träumt, ist im Augsburger Rathaus alles in Aufbruchstimmung. Erzengel Gabriel gibt den Transportengeln noch letzte Anweisungen für Heilig Abend, Engel Serafin drängt die Musikengel nicht so zu trödeln, weil ein Schneesturm vorhergesagt ist.

Im Sekundentakt starten die Engel von der Terrasse des Rathauses.

An der Himmelspforte, genauer gesagt am Bayerischen Tor des Himmelreiches, steht der Erzengel Michael, auch Turamichele genannt, mit Feuerschwert und seinem Teufelsdrachenhund Luzifuss. Das Turamichele zählt genau ab, wie viele Engel von der Erde zurückkommen. Vor dem ersten Advent haben 30 Musikengel und 57 Transportengel das Himmelstor verlassen. Also müssen genauso viele wieder eintreten.

Als er den Musikengel Nummer 12 abzählt, bellt und winselt Luzifuss, dass er mal dringend Gassi muss ...

Wenn ein Teufelsdrachenhund in die Schneewolken macht, zischt und dampft es gewaltig. Meist löst das auch gleich heftigen Schneefall aus.

Das Turamichele, von Luzifuss ganz abgelenkt, zählt weiter »Musikengel Nummer 14, Musikengel Nummer 15 ...« und merkt dabei nicht, dass es sich um einen Engel verzählt hat.

Auch als die ersten Transportengel von ihrer Tour mit dem Christkind zurückkommen, fällt niemandem auf, dass das kleine Engele fehlt.

Als schließlich der letzte Engel durch das Tor schreitet, sagt das Turamichele: »So, jetzt hammas wieder für heuer, des scheene Weihnachten«, sperrt das Tor ab und legt sich zum dreiwöchigen Weihnachtsschlaf in sein Himmelbett.

Unten in Augsburg rieseln die Schneeflocken auf den Perlachturm. Da schlägt es so laut Mitternacht, dass das kleine Engele und die Fledermaus Toni aus ihrem tiefen Schlaf hochfahren. »Ui!«, ruft das Engele. »Ach du heiliger Bimbam, ich hab den Sammelabflug verschlafen!«

Zzzzziiiiuuuuuschschschsch – wie eine Rakete saust das kleine Engele mit einem Blitzstart den Himmel empor. Toni flattert zwar auch so schnell er kann hinterher, aber mit einem Engel kann er nicht mithalten.

»Wegen Weihnachtsferien 3 Wochen geschlossen!«, steht auf der Tafel an der bayerischen Himmelspforte. Das kleine Engele plärrt: »Ich will heim!« und es hämmert immer lauter gegen das Tor. Aber niemand hört es.

Das Turamichele, Luzifuss, ja der ganze Himmel befindet sich im seligen Weihnachtsschlaf. Diese Adventszeit war einfach sehr anstrengend. Und die Schutzengel vom Notdienst sind alle ausgeflogen und im Einsatz. Denn Heilig Abend ist ständig was los: Da fängt ein Christbaum Feuer, da verschluckt sich ein Papa an einer Fischgräte vom Weihnachtskarpfen oder Kinder krachen mit dem neuen Kettcar gegen den Wohnzimmerschrank.

»Ächz, ächz! Ach herrje, die ganze Hetzerei umsonst«, japst Toni, als er endlich nachkommt. »Sei nicht traurig, kleines Engele! Du kommst einfach über die Festtage zu mir und nach Drei König kommen wir wieder. Dann macht bestimmt jemand auf.« »Wenn du meinst«, schnieft das Engele traurig.

Wieder zurück in der Turmwohnung, ist die Überraschung groß! »Ui, ui! Schau, schau! Da..., da..., d..., d..., das Christkind war da!«, überschlägt sich Toni vor Freude. Unter einem leuchtenden Christbaum liegt ein wirklich großes Päckchen. Das Engele grinst, denn es weiß zwar, wie sich alle immer an Weihnachten freuen, wenn das Christkind zur Bescherung da war. Aber wirklich dabei war das Engele auch noch nie. Neugierig reißt Toni sein Päckchen auf.

»Ooooohhhhh! Eine Fliegermütze und eine Fliegerbrille!«, kreischt Toni außer sich vor Freude. Das kleine Engele guckt etwas neidisch, denn weil es hier nicht wohnt, ist natürlich kein Geschenk für das Engele unter dem Baum. Als Toni das bemerkt, überlegt er kurz. Dann sagt er: »Weißt du was, ich brauch ja eigentlich gar keine Fliegerbrille. Ich sehe ja mit Echolot und Ultraschall. Ich schenke dir die Brille zu Weihnachten! Fröhliche Weihnachten!«

»Ein Geschenk? Für mich? Oh vielen Dank, du lieber Toni! Dir auch fröhliche Weihnachten«, strahlt das kleine Engele.

Sofort sausen beide hinaus und testen ihre Weihnachtsgeschenke. »Ist das toll, warme Ohren im kalten Schneewirbel!«, ruft Toni durch die Nacht. Und das Engele brüllt: »Voll krass, die Schneeflocken fliegen mir nicht in die Augen, sondern schmelzen sofort am Brillenglas!«

Am nächsten Morgen stehen Toni und das kleine Engele früh auf. Es ist der erste Weihnachtsfeiertag und Toni hat seine Freundin Brigitte, die Eule vom Augsburger Dom, und seinen Kumpel Max, die Rathaus-Ratte, zum Weihnachtsessen eingeladen. »Aufstehen, kleines Engele«, krakeelt Toni, »wir müssen kochen und backen!«

Eine Stunde später dampft und blubbert es am Herd. Es werden Kartoffeln gedämpft, Würstchen gebraten, Bratäpfel in den Ofen geschoben, es wird Tomatensoße für Spaghetti gekocht, Apfeldatschiteig vorbereitet, Schokolade geraspelt und Pudding angerührt.

Toni ist schon ganz aufgeregt. Weder Eule noch Ratte haben jemals einen echten Engel getroffen. Die sieht und hört man ja normalerweise auch nur von weitem beim Engelesspiel. Die beiden werden sicher Augen machen!

Als die Turmuhr 11 schlägt, flattert die Dom-Eule Brigitte zum Fenster herein. Gleichzeitig klopft es an der Tür. Die Rathaus-Ratte Max ist auch pünktlich.

Die Gäste staunen freudig überrascht, als Toni ganz stolz seinen Übernachtungsgast vorstellt. Sie wünschen sich fröhliche Weihnachten und loben den Christbaum. Dazu singen sie Weihnachtslieder und schlürfen heißen Apfel-Orangen-Punsch mit Zimt. Da ist das Engele ganz in seinem Element und hat schon gar kein Heimweh mehr.

»Hmmm, leckerschmecker schmackofatzi, das sind die besten Spaghetti, die ich je gegessen habe«, schmatzt Max. Der Tisch biegt sich unter den vielen Köstlichkeiten. Die Freunde feiern ein Schlemmer-Weihnachtsfest. Das kleine Engele hat so viel Spaß, dass es fast ein bisschen froh ist, den Sammelabflug verschlafen zu haben. Sonst würde es das alles gar nicht erleben und hätte seine neuen Freunde nicht kennengelernt.

Nach dem Essen machen die vier eine Schneewanderung über die Dächer von Augsburg. Brigitte übernimmt die Rolle der Stadtführerin und erzählt dem kleinen Engele die Stadtgeschichte: »Dort war die Römersiedlung, in dem roten Haus ist Leopold Mozart geboren, da wohnten die Fugger«. So manch ein Augsburger wundert sich über die tapsenden Geräusche auf seinem Dach.

In der himmlischen Leitstelle der Schutzengel löst die Wanderung der Freunde einen Alarm aus. »Achtung, Kinder auf dem Dach!«, meldet das Überwachungsgerät. Als der Schutzengel mit dem Fernrohr nachsieht, kann er es gar nicht glauben. »Ja, aber da ist ja auch ein Engel dabei. Sapperlot, das ist ja unser kleines Engele! Das sollte doch in seinem Wölkchen schlafen. Dann fehlt ja eines unserer Engelchen im Himmel. Wir müssen sofort das Turamichele wecken. Da muss sich ein Erzengel darum kümmern!«

Während die himmlische Verwaltung das Fehlen des kleinen Engele bemerkt, vergnügt sich dieses auf dem Christkindlesmarkt. An den Weihnachtsfeiertagen sind die Buden geschlossen und die Augsburger feiern zu Hause das heilige Fest. So haben Eule, Ratte, Fledermaus und Engele den ganzen Rathausplatz für sich allein. »Schau mal Toni, der Schneemann sieht aus wie der Nikolaus!«, ruft das Engele ganz stolz. Aber Toni kugelt sich gerade mit Max im Schnee und kreischt: »Lasst uns eine Schneeburg bauen!«

Plotsch! »Brr, ist das kalt, ist das kalt!«, zittert das Engele. »Das war wohl dein erster Schneeball ins Gesicht«, lacht Max. Da grinst das Engele frech: »Na warte!« und schleudert der verdutzten Ratte einen großen Schneeball um die Ohren. Es entbrennt eine zünftige Schneeballschlacht. Was für eine Gaudi! Als es langsam dämmert und die vier etwas frieren, ruft Toni: »Auf zur Turmwohnung! Lasst uns heißen Kakao trinken!«

258 Stufen steigen die Gäste der Turmfledermaus den Perlachturm hoch. Aus Rücksicht auf Max, weil der ja keine Flügel hat, verzichten die anderen auf das Fliegen. Als sie endlich oben sind, japsen und schnaufen sie ganz schön ...

Toni sperrt seine Wohnungstür auf. Da knurrt etwas und es riecht leicht verbrannt. »Also wirklich, wer von euch hat denn solchen Hunger, dass gleich der Magen knurrt?«, fragt Brigitte, die als letzte in der Schlange steht. Doch die anderen sagen gar nichts mehr. Vor ihnen sitzt ein Drache. Genauer gesagt, ein Teufelsdrachenhund.

»Luzifuss, Turamichele, Gabriel!«, ruft das Engele freudig überrascht. »Wir sind gekommen, um dich nach Hause zu holen«, sagt der Erzengel Gabriel. Auch wenn sich das kleine Engele in Augsburg prächtig vergnügt hat, ist es doch erleichtert und froh, dass gleich zwei Erzengel und ein Teufelsdrachenhund vom Himmel kommen und es heimbringen möchten. Toni, Max und Brigitte sind nach dem ersten Schrecken auch beruhigter, als sie merken, dass von dem himmlischen Höllenhund keine Gefahr ausgeht.

Nachdem alle einen heißen Kakao getrunken haben, mahnt das Turamichele zum Aufbruch. »Wir sollten bald abfliegen, sonst fehlt uns der himmlische Schlaf.« Das kleine Engele freut sich nach diesem Abenteuer auf den wohlverdienten Weihnachtsschlaf in seinem Wölkchen. »Danke, lieber Toni, für das schöne Weihnachtsfest und alles andere. Jetzt weiß ich, warum sich die Kinder immer so auf Weihnachten freuen«, sagt das Engele, als es Toni zum Abschied umarmt. Nachdem sich alle voneinander verabschiedet haben, gehen die Engel zum Fenstersims und starten gemeinsam in den Augsburger Nachthimmel. Das kleine Engele winkt den Freunden noch zu und ruft »Frohe Weihnachten und ein gutes neues Jahr! Ich komme wiiiieder!« Toni winkt mit seinen Flatter-Flügeln und freut sich schon jetzt auf den nächsten Advent, wenn das kleine Engele wieder im Augsburger Rathaus wohnt und mit den anderen Engeln das Engelesspiel aufführt.

Bis zum nächsten Jahr, kleines Engele ...